ASSOCIATION DES ARTS

PEINTRES, SCULPTEURS
ARCHITECTES, GRAVEURS ET DESSINATEURS

EXPOSITION

DES ŒUVRES DE

ÉDOUARD IMER

A l'Ecole nationale des Beaux-Arts, quai Malaquais

PRIX : I FR.

PARIS

IMPRIMERIE DE A. QUANTIN

RUE SAINT-BENOIT

Janvier 1882

EXPOSITION

DES ŒUVRES DE

ÉDOUARD IMER

ASSOCIATION DES ARTISTES

PEINTRES, SCULPTEURS
ARCHITECTES, GRAVEURS ET DESSINATEURS

EXPOSITION

DES ŒUVRES DE

ÉDOUARD IMER

A l'École nationale des Beaux-Arts, quai Malaquais

PRIX : I FR.

PARIS

IMPRIMERIE DE A. QUANTIN

RUE SAINT-BENOIT

Janvier 1882

ÉDOUARD IMER

Édouard Imer est né à Avignon, le 23 décembre 1820.

Son père, Auguste Imer, d'origine suisse, homme distingué et aimant les arts, s'occupait d'industrie.

Après une sérieuse éducation en Suisse et en Allemagne et un voyage en Angleterre, Imer revint à Avignon à l'âge de dix-huit ans.

Il marquait dès lors un vif penchant pour la peinture. Cependant il se soumit au vœu de son père qui souhaitait de le voir lui succéder à la tête de sa maison.

En 1845, tous deux firent un voyage en Algérie. Imer rapporta de cette excursion sous le soleil d'Afrique quelques dessins et aquarelles.

L'année suivante il se maria.

La mort de sa femme, survenue en 1850, le détacha entièrement de la carrière paternelle ; il se rendit à Paris et s'y installa pour se vouer à son art préféré.

Les relations qu'il noua avec des artistes de mérite et que son aimable et fine nature a su lui conserver jusqu'à la fin le mirent à même de se développer sous les meilleurs auspices.

Il fit en Italie plusieurs longs voyages d'étude dont le premier, en 1853, en compagnie d'Hébert. A cette époque, il se

rencontra avec Paul Baudry, alors pension-
naire de l'école de Rome.

Né voyageur, épris des pays de la lu-
mière, il passa l'hiver de 1854 en Égypte
avec quelques compagnons parmi lesquels
figuraient Gérôme et Belly.

En temps ordinaire, il passait ses hivers
à Paris et consacrait l'été à des séjours
en Provence et dans le Berry où l'attirait
une amitié dévouée. Il fit également en
Sologne des séjours chez son ami Belly,
si prématurément ravi à l'art dans la plé-
nitude de son talent.

A partir de 1870, c'est Venise qui l'attira
et qui le retint. En y arrivant, il retrouva
Baudry ; cette nouvelle rencontre resserra
leur affection.

Imer passa presque complètement à
Venise ses dernières années et ne cessa
d'y mener sa vie de travail et de re-

cherche. Même souffrant, jamais son effort ne s'est lassé.

Il exposa au Salon pour la dernière fois en 1876.

A ce moment de sa vie, se dégageant de toute ambition personnelle, il ne chercha plus d'autre satisfaction que celle de sa conscience d'artiste. Les œuvres qu'il produisit alors témoignent que son talent ne souffrit pas de cette retraite.

C'est à Venise qu'il fit ses remarquables copies d'après Carpaccio, Cima da Conegliano, Bonifazio et d'autres.

Au printemps de cette année, désireux d'étudier les vieux maîtres hollandais, il partit pour Haarlem. Sa santé était ébranlée; ceux qui l'aimaient commençaient à s'en inquiéter. Leurs inquiétudes ne furent que trop et trop promptement confirmées par la nouvelle de sa mort subite, survenue en cette ville le 13 juin 1881.

L'artiste sérieux, épris de son art, le travailleur infatigable a trouvé le repos dans le pays hospitalier qui fut la patrie de tant de maîtres immortels.

Décembre 1881.

CATALOGUE

TABLEAUX ET ÉTUDES

1. — Étang de Soumabre, près Tarascon (Provence.)

Salon de 1867.
Appartient au musée de Neuchâtel.

2. — Étang de Soumabre.

Étude pour le tableau nº 1.

3. — Le Rhône près d'Arles.

4. — Campagne de Vaucluse.

5. — Le mas des Aubes près Tarascon
(Provence.)

Salon de 1863.
Appartient à Mme Laure Roulet.

6. — Le pont du Gard.

7. — Vallée du pont du Gard.

8. — Montagnes de Vaucluse.

9. — Remparts d'Aigues-Mortes.

Appartient à M. Ch. Éd. Jacot.

10. — Lisière du bois de Montespin,
près Marseille.

Salon de 1861.

11. — Les îles de Lerins (côtes de Provence.)

Salon de 1863.
Appartient au musée d'Avignon.

12. — Ile Saint-Honorat.

Salon de 1866.
Appartient au musée de Clermont-Fer-
rand.

13. — Aigues-Mortes, remparts de la
ville.

Salon de 1867.
Appartient à M. Émile Darier.

14. — Environs de Saint-Raphaël (Var.)

Salon de 1869.
Appartient au musée d'Avignon.

15. — Grands pins à Montespin, près de
Marseille.

16. — Chemin au bord de la mer à
Saint-Nazaire (Var.)

17. — Bois de pins, près de Fréjus.

18. — Le plan d'Aups (Bouches-du-
Rhône.)

19. — Porte de Pernes (Vaucluse.)

20. — Remparts d'Aigues-Mortes.

21. — Étude de rochers (Vaucluse.)

22. — Pins de Montespin, près Marseille.

Appartient à M. Jouët Pastré.

23. — Bords du Rhône.

24. — Roseaux sur l'étang de Soumabre.

25. — Vallée du pont du Gard.

26. — Le Rhône, près d'Arles.

27. — Le Grau-du-Roi, près d'Aigues-
Mortes.

28. — Ruines du village des Baux (Provence.)

29. — Ruines sur le Gardon.

30. — Remparts de Pernes (Vaucluse.)

31. — Campagne, près Tarascon.

32. — Étude de terrains et montagnes de Vaucluse.

33. — Rochers à Port-Mieou, près Cassis (Provence.)

34. — Ruines romaines à Fréjus.

35. — Côtes de Saint-Nazaire (Var.)

36. — Bois de pins à Saint-Raphaël (Var.)

Etude pour le tableau nᵒ 14.

37. — Embouchure de la rivière de Saint-Raphaël (Var.)

38. — Côtes de Saint-Raphaël (Var.)

39. — Terrains au bord de la mer à Saint-Nazaire (Var.)

40. — Ile Saint-Honorat, près Cannes.

Etude pour le n° 11.

41. — Plaine entre Fréjus et Saint-Raphaël (Var.)

42. — Ancien port de Saint-Raphaël (Var.)

43. — Vue de Nettuno (Italie.)

44. — Côte de Nettuno (Italie.)

45. — Côtes de la Méditerranée (Italie.)

46. — Porte de villa (Italie.)

47. — Vue de la Cervara (Italie.)

48. — Barques de pêche à Porto-d'Anzio (Italie.)

49. — Jardin, près de Florence.

50. — Intérieur de villa à Florence.

Appartient à Mme Robert.

51. — Chaîne du Mokhattan, près du Caire.

52. — Les sycomores de Ghizeh.

Salon de 1864.
Appartient à M. Émile Darier.

53. — Sycomores de Ghizeh.

Étude pour le tableau nᵒ 52.

54. — Ile de Philæ (Égypte.)

Salon de 1857.
Appartient à M. Robert.

55. — Un sycomore au bord du Nil.

Coucher de soleil.

56. — Montagnes au bord du Nil.

57. — Village égyptien.

58. — Vue de Keneh (Égypte.)

59. — Masures dans un village égyptien.

60. — Plaine des Pyramides, près du Caire.

61. — Le Mokhattan et la Citadelle du Caire.

62. — Bords de la Creuse, près Crozant.

Appartient à M. Ch. Roulet.

63. — Ruines de Crozant.

Salon de 1865.
Appartient au musée de Neuchâtel.

64. — Bords de la Creuse.

Appartient à Mme Jequier.

65. — Village en Berry.

66. — Sentier dans les montagnes de la
Creuse.

67. — Un étang dans la Brenne (Berry.)

68. — Ruines du château de Crozant
(Creuse.)

69. — Ruines à Crozant (Creuse.)

70. — Étude de terrains à Crozant.

2.

71. — Vallée de Crozant.

72. — Effet de printemps en Berry.

73. — Étude de terrains.

74. — Bois au bord d'un étang.

75. — Route bordée de chênes, près
Crozant.

76. — Chaussée d'un étang en Berry.

77. — Étang bordé d'arbres.

78. — Terrains marécageux dans la
Brenne (Berry.)

79. — Bords de la Creuse.

81. — Paysage de Berry. Effet de printemps.

82. — Bords de la Creuse, près Ruflec.

83. — Chêne au bord d'un étang (Berry).

84. — Landes dans la Brenne.

85. — Étude de chênes. Berry.

86. — Pâturage en Berry.

87. — Ruines dans un vallon boisé.

88. — Paysage en Berry.

89. — Paysage en Sologne.

90. — Arbres en Sologne.

91. — Chaussée bordée d'arbres dans la
Brenne (Berry).

92. — Rivière en Berry.

93. — Ruisseau dans une vallée. Effet
de printemps.

94. — Étude d'arbres.

95. — Paysage.

Appartient à M. Ch. Dollfus.

96. — Le Chêne de la Dauphine dans la
Brenne.

Salon de 1876.
Appartient à M. Pelet.

97. — Chêne au bord du Cher et Château de Chenonceaux.

98. — Château de Chenonceaux.

99. — Vallée de Gruyère (Suisse).

100. — Chalet près Château-d'Oex
(Suisse).

101. — Paysage en Picardie.

Appartient à M. Lorimier-Chatenay.

102. — Côtes de l'Océan en Vendée.

103. — Vue de Saint-Gilles (Vendée).

104. — Salines de Saint-Gilles.

105. — Côtes de Saint-Jean-d'Orbeitier
(Vendée). .

Salon de 1874.
Appartient au musée d'Orléans.

106. — Côtes de Saint-Jean d'Orbeitier
(Vendée).

Étude pour le tableau n° 105.

107. — Côtes de l'Océan en Vendée.

108. — Côtes de Vendée.

Étude pour le tableau n° 107.

109. — Rivière dans les dunes.

110. — Terrasse au bord de l'Oise, à
l'Ile-Adam. Coucher de soleil.

111. — Pont sur le petit bras de l'Oise
(Ile-Adam).

112. — Bords de l'Oise.

113. — Terrasse du château de l'Ile-
Adam.

114. — Ruines du château de l'Ile-
Adam.

115. — Pont et château de l'Ile-Adam;
après la guerre.

116. — Pâturage sous bois.

117. — Effet d'hiver à l'Ile-Adam.

118. — La baie de Somme.

Salon de 1876.

119. — Marée descendante, baie de
Somme.

120. — Plage sur les côtes de la Manche
(Somme).

121. — Entrée de la baie de Somme.

122. — Plage près du Crotoy (Somme).

123. — Marine. Baie de Somme.

124. — Moulin à vent dans les dunes (Somme).

125. — Bateau de pêche sur le sable, à la marée basse. Crotoy.

126. — Hutte de douaniers, près du Crotoy.

127. — Canots sur le sable, au Crotoy.

128. — Village dans les arbres (Somme).

129. — Estacade du Crotoy, à la marée basse.

130. — Pâturage (Somme).

131. — Ruines du château du Crotoy.

132. — Chaumière dans les arbres, près
du Crotoy.

133. — Moulin à vent (Somme).

134. — Barques de pêche à maree basse.
Baie de Somme.

135. — Vue du Grand Canal, à Venise.

Appartient à M. Velten.

136. — Pont de Chioggia, à Venise.

Appartient à M. Velten.

137. — Petit Canal, à Venise.

Appartient à Mme Clausse.

138. — Extrémité de la Giudecca, avec une drague.

Appartient à M. P. Baudry.

139. — Les Zattere, à Venise.

Appartient à M. Éd. de Pury-Wavre.

140. — La Salute (Venise).

141. — Vue de Venise.

Appartient à M. Frédéric de Bosset.

142. — Campagne de Chioggia.

143. — Entrée du port de Venise. Effet
d'hiver.

144. — Scuola San Rocco (Venise).

145. — Campo Santo (Venise).

146. — Vue de Trente (Autriche).

147. — Un canal dans une île de la
Lagune. Soleil couchant.

148. — La Piazzetta.

149. — Statue et place du Colleone, à
Venise.

150. — Le quai de la Piazzetta. Vu de
San Giorgio.

151. — Canal à Chioggia.

152. — Extrémité de la Giudecca (Venise).

153. — La Douane et la Salute.

154. — Étude dans le port de Venise.

155. — Gondole et drague dans la lagune de Venise.

156. — Marine. Lagune de Venise.

157. — Effet de soir sur la lagune.

Étude pour le tableau n° 156

158. — Barques près du jardin public.

159. — Port de Venise.

160. — San Giorgio.

161. — Barques et gondoles près du jardin public.

162. — Cour sur un petit canal.

163. — Entrée de la lagune.

164. — Barques de pêche faisant sécher leurs filets.

165. — Cloître de Santa Elena (Venise).

166. — Barques dans le Grand Canal.

167. — Couvent des Arméniens.

168. — Une rue couverte à Venise.

169. — Effet de soir.

170. — La Douane et le Campanile.

171. — Barques de pêche dans le port
de Venise.

172. — Un canal.

173. — Bateaux dans la Giudecca.

174. — Barques dans la lagune.

175. — Le Campanile et le Palais ducal.

176. — Effet de soir sur la lagune.

177. — Navires en réparation dans la
Giudecca.

178. — La Douane et la Salute.

179. — Palais Labbia et canal Reggio.

180. — Petit Canal à Venise.

11. — Palais ducal et Campanile.

182. — Étude de barques dans le port.

183. — Navires dans le port de Venise.

184. — Puits et cour à Venise.

185. — Barque dans une île de la
lagune.

186. — Tête de jeune Vénitienne.

AQUARELLES

187. — Légende de sainte Ursule.

> Les ambassadeurs du roi d'Angleterre
> venant demander au roi Deonato,
> père d'Ursule, la main de sa fille
> pour le fils de leur roi. — A droite,
> le roi, dans la chambre de sa fille,
> se concerte avec elle sur la réponse
> qu'il fera au roi d'Angleterre.
> Copie d'après Carpaccio.
> Académie des Beaux-Arts à Venise.

188. — Légende de sainte Ursule.

> Les ambassadeurs prennent congé du
> roi.
> Copie d'après Carpaccio.
> Académie des Beaux-Arts à Venise.

189. — Légende de sainte Ursule.

> Les ambassadeurs venant rapporter
> au roi d'Angleterre la réponse qu'on
> a faite à leur demande.
> Copie d'après Carpaccio.
> Académie des Beaux-Arts à Venise.

190. — Présentation de la Vierge au temple.

> Copie d'après Titien.
> Académie des Beaux-Arts à Venise.

191. — Saint Jean-Baptiste.

> Copie d'après Cima de Conegliano.
> Académie des Beaux-Arts à Venise.

192. — Tobie et l'ange.

> Copie d'après Cima de Conegliano.
> Académie des Beaux-Arts à Venise.

193. — Le massacre des Innocents.

Copie d'après Bonifazio.
Académie des Beaux-Arts à Venise.

*(Les sept copies ci-dessus ont été offertes à l'École
des Beaux-Arts par M*^{me} *Robert, fille de M. Imer.)*

194. — Une jeune princesse vénitienne.

Copie d'après Paul Veronèse, musée de
Marseille.
Appartient à Mlle Alice Clerc.

195. — Le vieux Rialto.

Copie d'après Carpaccio.
Académie des Beaux-Arts à Venise.

196. — Vue de Venise. Les Zattere.

**197. — Un Traghetto sur le Grand Canal.
à Venise.**

198. — Porte d'un cloître sur le Grand
Canal à Venise.

199. — Le palais Dario à Venise.

Appartient à Mme Scheffer.

200. — Effet de soir, à Venise, sur les
Zattere.

201. — Quai de la Salute à Venise.

202. — Deux vues de Venise.

203. — La lagune de Venise, vue du
cimetière des Arméniens.

204. — Le pont des Soupirs.

Appartient à Mme Scheffer.

205. — Barques de pêche dans la lagune de Venise.

206. — Vue dans l'île de Burano.

207. — San Sebastiano, vue de la Giudecca.

Appartient à M. Albert de Meuron.

208. — Effet de soir, lagune de Venise.

209. — Boutique de bric-à-brac à Venise.

210. — Le Dogana di mare.

Appartient au cercle de lecture de Neuchâtel.

211. — Cimetière du Lido.

212. — Vue dans l'île de Torcello.

213. — Les Gesuati sur les Zattere.

Appartient à Mlle Marie de Meuron.

214. — Intérieur de cuisine.

215. — Iles de la lagune de Venise.

216. — Le Grand Canal, près du palais Foscari à Venise.

Appartient à M. René Scheffer.

217. — Venise, vue de la lagune. Effet de soir.

Appartient à M. René Scheffer.

218. — Pont de Chioggia.

219. — Navires à l'ancre dans le Giudecca.

220. — Jardin à Venise.

Appartient à Mme Robert.

221. — Une ruelle, près de Santa-
Maria del Carmine.

Appartient à Mme Courtois Valpin-
çon.

222. — Pont sur un petit canal à Venise.

223. — Vue de Trente (Autriche).

Appartient à M. Vignon.

224. — Vue de Heidelberg, prise de la
terrasse du château.

225. — Paysage.

226. — Nature morte.

227. — Embouchure de l'Huveaune à
Marseille.

228. — Lac de Spittal (Carinthie).

229. — Croix sur un chemin dans la
vallée de Spittal (Carinthie).

230. — Arbres devant une ferme.

231. — Paysage d'hiver en Berry.

232. — Ferme en Berry.

233. — Cour de ferme à Vals (Ardèche).

234. — Paysage à Vals.

235. — Château de Ventadour, près de
          Vals (Ardèche).

236. — Route à travers champs par la
          pluie. Contrexeville.

237. — Vue de Vals (Ardèche).

238. — Bec de l'Aigle, près de Toulon.
          Effet de soir.

239. — Rochers au bord de la mer à
          Saint-Nazaire (Var).

240. — Bords de la Méditerranée à Saint-Nazaire (Var).

241. — Rochers de l'ancienne Batterie, à Saint-Nazaire.

242. — Chemin au bord de la mer, à Saint-Nazaire.

243. — Parc du château Borelly, à Marseille.

244. — Cloître de Blanche-Couronne, près de Nantes.

DESSINS

245. — Paysage aux environs du Caire (Égypte).

Salon de 1857.

246. — Sycomores sur la route des Pyramides.

Salon de 1857.

247. — Village égyptien.

248. — Montagnes du Mokhattan près du Caire.

249. — Sycomores à Ghizeh : dans le fond les Pyramides.

250. — Sept vues d'Égypte.

251. — Vue de Tel el Amarna — Égypte.

252. — Vue du vieux Caire.

253. — Grands sycomores en Égypte; des chameaux se reposent à l'ombre.

254. — Vue de Keneh. — Égypte.

255. — Cinq vues d'Égypte : 1. Abou-
Sabat. — 2. Thèbes. —
3. Djaziri. — 4. Tchdairi. —
5. Medinet-Fayoum.

256. — Vue de Beni-Hassan.

257. — Vue de Siout.

258. — Paysage à Keneh.

259. — Une mare à Ghizeh ; au fond des
jardins, avec des sycomores
et des palmiers.

260. — Statues colossales à Thèbes. —
Égypte.

261. — Ruines sur le Gardon, près du pont du Gard.

262. — Pont en ruine sur une rivière bordée d'arbres.

263. — Remparts de Rome et Sainte Croix de Jérusalem.

264. — Deux vues au bord de la mer, à Porto d'Anzio. — Italie.

265. — Deux vues du Ponte Torto à Rome.

266. — La porta Furba à Rome.

267. — Ferme des Fourdines dans la Brenne (Berry).

268. — Un étang au pied d'un monticule dans la Brenne.

269. — Arbres au bord de la Creuse.

270. — Environs de Crozant (Creuse).

271. — Vue de Monselice (Italie). — A droite monte une route bordée de grands pins.

272. — Le village de la Cervara (Italie).

273. — Chênes au bord d'un étang à Minié (Berry).

274. — Bois de chênes à la villa Médicis à Rome.

275. — Ruines du palais de Néron au
bord de la mer, et barques de
pêche à Porto d'Anzio (Italie).

276. — Ruines de la villa de Néron à
Porto d'Anzio (Italie).

277. — Bateau de pêche sur la plage à
Porto d'Anzio (Italie).

278. — Deux études de bateaux de pêche
à Porto d'Anzio.

279. — Jardin de la villa Médicis à
Rome.

www.ingramcontent.com/pod-product-compliance
Lightning Source LLC
LaVergne TN
LVHW021819170726
843503LV00007B/3276